TRANZLATY

Sprache ist für alle da

Språk är till för alla

Die Schöne und das Biest

Skönheten och Odjuret

Gabrielle-Suzanne Barbot de Villeneuve

Deutsch / Svenska

Copyright © 2025 Tranzlaty
All rights reserved
Published by Tranzlaty
ISBN: 978-1-80572-030-0
Original text by Gabrielle-Suzanne Barbot de Villeneuve
La Belle et la Bête
First published in French in 1740
Taken from The Blue Fairy Book (Andrew Lang)
Illustration by Walter Crane
www.tranzlaty.com

Es war einmal ein reicher Kaufmann
Det fanns en gång en rik köpman
dieser reiche Kaufmann hatte sechs Kinder
denna rike köpman hade sex barn
Er hatte drei Söhne und drei Töchter
han hade tre söner och tre döttrar
Er hat keine Kosten für ihre Ausbildung gescheut
han sparade ingen kostnad för deras utbildning
weil er ein vernünftiger Mann war
eftersom han var en förståndig man
aber er gab seinen Kindern viele Diener
men han gav sina barn många tjänare
seine Töchter waren überaus hübsch
hans döttrar var extremt vackra
und seine jüngste Tochter war besonders hübsch
och hans yngsta dotter var särskilt vacker
Schon als Kind wurde ihre Schönheit bewundert
redan som barn beundrades hennes skönhet
und die Leute nannten sie nach ihrer Schönheit
och folket kallade henne för hennes skönhet
Ihre Schönheit verblasste nicht, als sie älter wurde
hennes skönhet bleknade inte när hon blev äldre
Deshalb nannten die Leute sie weiterhin wegen ihrer Schönheit
så folket fortsatte att kalla henne för hennes skönhet
das machte ihre Schwestern sehr eifersüchtig
detta gjorde hennes systrar mycket avundsjuka
Die beiden ältesten Töchter waren sehr stolz
de två äldsta döttrarna hade en stor portion stolthet
Ihr Reichtum war die Quelle ihres Stolzes
deras rikedom var källan till deras stolthet
und sie verbargen ihren Stolz nicht
och de dolde inte heller sin stolthet
Sie besuchten nicht die Töchter anderer Kaufleute
de besökte inte andra köpmäns döttrar
weil sie nur mit Aristokraten zusammentreffen

eftersom de bara möter aristokratin
Sie gingen jeden Tag zu Partys
de gick ut varje dag på fester
Bälle, Theaterstücke, Konzerte usw.
baler, pjäser, konserter och så vidare
und sie lachten über ihre jüngste Schwester
och de skrattade åt sin yngsta syster
weil sie die meiste Zeit mit Lesen verbrachte
eftersom hon tillbringade större delen av sin tid med att läsa
Es war allgemein bekannt, dass sie reich waren
det var välkänt att de var rika
so hielten mehrere bedeutende Kaufleute um ihre Hand an
så bad flera framstående köpmän om sin hand
aber sie sagten, sie würden nicht heiraten
men de sa att de inte skulle gifta sig
aber sie waren bereit, einige Ausnahmen zu machen
men de var beredda att göra några undantag
„Vielleicht könnte ich einen Herzog heiraten"
"Jag skulle kanske gifta mig med en hertig"
„Ich schätze, ich könnte einen Grafen heiraten"
"Jag antar att jag skulle kunna gifta mig med en Earl"
Schönheit dankte sehr höflich denen, die ihr einen Antrag gemacht hatten
skönhet tackade mycket hövligt de som friade till henne
Sie sagte ihnen, sie sei noch zu jung zum Heiraten
hon sa till dem att hon fortfarande var för ung för att gifta sig
Sie wollte noch ein paar Jahre bei ihrem Vater bleiben
hon ville stanna några år till hos sin pappa
Auf einmal verlor der Kaufmann sein Vermögen
På en gång förlorade köpmannen sin förmögenhet
er verlor alles außer einem kleinen Landhaus
han förlorade allt förutom ett litet hus på landet
und er sagte seinen Kindern mit Tränen in den Augen:
och han sa till sina barn med tårar i ögonen:
„Wir müssen aufs Land gehen"
"vi måste gå på landsbygden"

„und wir müssen für unseren Lebensunterhalt arbeiten"
"och vi måste arbeta för vårt liv"
die beiden ältesten Töchter wollten die Stadt nicht verlassen
de två äldsta döttrarna ville inte lämna staden
Sie hatten mehrere Liebhaber in der Stadt
de hade flera älskare i staden
und sie waren sicher, dass einer ihrer Liebhaber sie heiraten würde
och de var säkra på att en av deras älskare skulle gifta sig med dem
Sie dachten, ihre Liebhaber würden sie heiraten, auch wenn sie kein Vermögen hätten
de trodde att deras älskare skulle gifta sig med dem även utan förmögenhet
aber die guten Damen haben sich geirrt
men de goda damerna hade fel
Ihre Liebhaber verließen sie sehr schnell
deras älskare övergav dem mycket snabbt
weil sie kein Vermögen mehr hatten
eftersom de inte hade några förmögenheter längre
das zeigte, dass sie nicht wirklich beliebt waren
detta visade att de faktiskt inte var omtyckta
alle sagten, sie verdienen kein Mitleid
alla sa att de inte förtjänar att få synd
„Wir sind froh, dass ihr Stolz gedemütigt wurde"
"vi är glada att se deras stolthet ödmjukad"
„Lasst sie stolz darauf sein, Kühe zu melken"
"låt dem vara stolta över att mjölka kor"
aber sie waren um Schönheit besorgt
men de var måna om skönhet
sie war so ein süßes Geschöpf
hon var en så söt varelse
Sie sprach so freundlich zu armen Leuten
hon talade så vänligt till fattiga människor
und sie war von solch unschuldiger Natur
och hon var av en sådan oskyldig natur

Mehrere Herren hätten sie geheiratet
Flera herrar skulle ha gift sig med henne
Sie hätten sie geheiratet, obwohl sie arm war
de skulle ha gift sig med henne trots att hon var fattig
aber sie sagte ihnen, sie könne sie nicht heiraten
men hon sa till dem att hon inte kunde gifta sig med dem
weil sie ihren Vater nicht verlassen wollte
för hon ville inte lämna sin far
sie war entschlossen, mit ihm aufs Land zu fahren
hon var fast besluten att följa med honom till bygden
damit sie ihn trösten und ihm helfen konnte
så att hon kunde trösta och hjälpa honom
Die arme Schönheit war zunächst sehr betrübt
Den stackars skönheten var först mycket bedrövad
sie war betrübt über den Verlust ihres Vermögens
hon var bedrövad över förlusten av sin förmögenhet
„Aber Weinen wird mein Schicksal nicht ändern"
"men att gråta kommer inte att förändra min förmögenhet"
„Ich muss versuchen, ohne Reichtum glücklich zu sein"
"Jag måste försöka göra mig lycklig utan rikedom"
Sie kamen zu ihrem Landhaus
de kom till sitt hus på landet
und der Kaufmann und seine drei Söhne widmeten sich der Landwirtschaft
och köpmannen och hans tre söner ägnade sig åt jordbruk
Schönheit stand um vier Uhr morgens auf
skönheten steg vid fyra på morgonen
und sie beeilte sich, das Haus zu putzen
och hon skyndade sig att städa huset
und sie sorgte dafür, dass das Abendessen fertig war
och hon såg till att middagen var klar
ihr neues Leben fiel ihr zunächst sehr schwer
i början tyckte hon att sitt nya liv var väldigt svårt
weil sie diese Arbeit nicht gewohnt war
eftersom hon inte varit van vid sådant arbete
aber in weniger als zwei Monaten wurde sie stärker

men på mindre än två månader växte hon sig starkare
und sie war gesünder als je zuvor
och hon var friskare än någonsin tidigare
nachdem sie ihre arbeit erledigt hatte, las sie
efter att hon hade gjort sitt arbete läste hon
sie spielte Cembalo
hon spelade på cembalo
oder sie sang, während sie Seide spann
eller hon sjöng medan hon spann silke
im Gegenteil, ihre beiden Schwestern wussten nicht, wie sie ihre Zeit verbringen sollten
tvärtom, hennes två systrar visste inte hur de skulle spendera sin tid
Sie standen um zehn auf und taten den ganzen Tag nichts anderes als herumzufaulenzen
de gick upp vid tio och gjorde inget annat än att lata sig hela dagen
Sie beklagten den Verlust ihrer schönen Kleider
de beklagade förlusten av sina fina kläder
und sie beklagten sich über den Verlust ihrer Bekannten
och de klagade över att förlora sina bekanta
„Schau dir unsere jüngste Schwester an", sagten sie zueinander
"Titta på vår yngsta syster", sa de till varandra
„Was für ein armes und dummes Geschöpf sie ist"
"vilken stackars och dum varelse hon är"
„Es ist gemein, mit so wenig zufrieden zu sein"
"det är elak att nöja sig med så lite"
der freundliche Kaufmann war ganz anderer Meinung
den snälle köpmannen var av en helt annan åsikt
er wusste sehr wohl, dass Schönheit ihre Schwestern übertraf
han visste mycket väl att skönheten överglänste hennes systrar
Sie übertraf sie sowohl charakterlich als auch geistig
hon överglänste dem i karaktär och sinne
er bewunderte ihre Bescheidenheit und ihre harte Arbeit

han beundrade hennes ödmjukhet och hennes hårda arbete
aber am meisten bewunderte er ihre Geduld
men mest av allt beundrade han hennes tålamod
Ihre Schwestern überließen ihr die ganze Arbeit
hennes systrar lämnade henne allt arbete att göra
und sie beleidigten sie ständig
och de förolämpade henne varje ögonblick
Die Familie hatte etwa ein Jahr lang so gelebt
Familjen hade levt så här i ungefär ett år
dann bekam der Kaufmann einen Brief von einem Buchhalter
då fick köpmannen ett brev från en revisor
er hatte in ein Schiff investiert
han hade en investering i ett fartyg
und das Schiff war sicher angekommen
och fartyget hade anlänt säkert
diese Nachricht ließ die beiden ältesten Töchter staunen
t hans nyheter vände huvudena på de två äldsta döttrarna
Sie hatten sofort die Hoffnung, in die Stadt zurückzukehren
de hade genast förhoppningar om att återvända till stan
weil sie des Landlebens überdrüssig waren
eftersom de var ganska trötta på livet på landet
Sie gingen zu ihrem Vater, als er ging
de gick till sin far när han skulle gå
Sie baten ihn, ihnen neue Kleider zu kaufen
de bad honom köpa nya kläder till dem
Kleider, Bänder und allerlei Kleinigkeiten
klänningar, band och alla möjliga småsaker
aber die Schönheit verlangte nichts
men skönheten bad om ingenting
weil sie dachte, das Geld würde nicht reichen
eftersom hon trodde att pengarna inte skulle räcka till
es würde nicht reichen, um alles zu kaufen, was ihre Schwestern wollten
det skulle inte räcka för att köpa allt hennes systrar ville ha
„Was möchtest du, Schönheit?", fragte ihr Vater

"Vad skulle du vilja, skönhet?" frågade hennes far
"Danke, Vater, dass du so nett bist, an mich zu denken",
sagte sie
"tack, far, för godheten att tänka på mig", sa hon
„Vater, sei so freundlich und bring mir eine Rose mit"
"far, var så snäll att ge mig en ros"
„weil hier im Garten keine Rosen wachsen"
"för det växer inga rosor här i trädgården"
„und Rosen sind eine Art Rarität"
"och rosor är en sorts sällsynthet"
Schönheit mochte Rosen nicht wirklich
skönhet brydde sig inte riktigt om rosor
sie bat nur um etwas, um ihre Schwestern nicht zu
verurteilen
hon bad bara om något för att inte döma sina systrar
aber ihre Schwestern dachten, sie hätte aus anderen
Gründen nach Rosen gefragt
men hennes systrar trodde att hon bad om rosor av andra skäl
„Sie hat es nur getan, um besonders auszusehen"
"hon gjorde det bara för att se speciell ut"
Der freundliche Mann machte sich auf die Reise
Den snälle mannen gick sin resa
aber als er ankam, stritten sie über die Ware
men när han kom dit bråkade de om varorna
und nach viel Ärger kam er genauso arm zurück wie zuvor
och efter mycket besvär kom han tillbaka lika fattig som förut
er war nur ein paar Stunden von seinem eigenen Haus
entfernt
han var inom ett par timmar från sitt eget hus
und er stellte sich schon die Freude vor, seine Kinder zu
sehen
och han föreställde sig redan glädjen att se sina barn
aber als er durch den Wald ging, verirrte er sich
men när han gick genom skogen gick han vilse
es hat furchtbar geregnet und geschneit
det regnade och snöade fruktansvärt

der Wind war so stark, dass er ihn vom Pferd warf
vinden var så stark att han kastades av hästen
und die Nacht kam schnell
och natten kom snabbt
er begann zu glauben, er müsse verhungern
han började tänka att han kunde svälta
und er dachte, er könnte erfrieren
och han tänkte att han kunde frysa ihjäl
und er dachte, Wölfe könnten ihn fressen
och han trodde att vargar kunde äta honom
die Wölfe, die er um sich herum heulen hörte
vargarna som han hörde yla runt omkring honom
aber plötzlich sah er ein Licht
men helt plötsligt såg han ett ljus
er sah das Licht in der Ferne durch die Bäume
han såg ljuset på avstånd genom träden
als er näher kam, sah er, dass das Licht ein Palast war
när han kom närmare såg han att ljuset var ett palats
der Palast war von oben bis unten beleuchtet
palatset var upplyst från topp till botten
Der Kaufmann dankte Gott für sein Glück
köpmannen tackade Gud för hans lycka
und er eilte zum Palast
och han skyndade till palatset
aber er war überrascht, keine Leute im Palast zu sehen
men han blev förvånad över att inte se några människor i palatset
der Hof war völlig leer
gårdsplanen var helt tom
und nirgendwo ein Lebenszeichen
och det fanns inga tecken på liv någonstans
sein Pferd folgte ihm in den Palast
hans häst följde honom in i palatset
und dann fand sein Pferd großen Stall
och sedan hittade hans häst ett stort stall
das arme Tier war fast verhungert

det stackars djuret var nästan hungrig
also ging sein Pferd hinein, um Heu und Hafer zu finden
så hans häst gick in för att hitta hö och havre
zum Glück fand er reichlich zu essen
lyckligtvis hittade han mycket att äta
und der Kaufmann band sein Pferd an die Krippe
och köpmannen band sin häst vid krubban
Als er zum Haus ging, sah er niemanden
när han gick mot huset såg han ingen
aber in einer großen Halle fand er ein gutes Feuer
men i en stor sal fann han en bra eld
und er fand einen Tisch für eine Person gedeckt
och han hittade ett dukat bord för en
er war nass vom Regen und Schnee
han var blöt av regn och snö
Also ging er zum Feuer, um sich abzutrocknen
så han gick nära elden för att torka sig
„Ich hoffe, der Hausherr entschuldigt mich"
"Jag hoppas att husets herre ursäktar mig"
„Ich schätze, es wird nicht lange dauern, bis jemand auftaucht."
"Jag antar att det inte tar lång tid för någon att dyka upp"
Er wartete eine beträchtliche Zeit
Han väntade en lång tid
er wartete, bis es elf schlug, und noch immer kam niemand
han väntade tills klockan slog elva, och ändå kom ingen
Schließlich war er so hungrig, dass er nicht länger warten konnte
äntligen var han så hungrig att han inte kunde vänta längre
er nahm ein Hühnchen und aß es in zwei Bissen
han tog lite kyckling och åt den i två munsbitar
er zitterte beim Essen
han darrade när han åt maten
danach trank er ein paar Gläser Wein
efter detta drack han några glas vin
Er wurde mutiger und verließ den Saal

blev modigare och gick ut ur hallen
und er durchquerte mehrere große Hallen
och han gick igenom flera stora salar
Er ging durch den Palast, bis er in eine Kammer kam
han gick genom palatset tills han kom in i en kammare
eine Kammer, in der sich ein überaus gutes Bett befand
en kammare som hade en synnerligen god säng i sig
er war von der Tortur sehr erschöpft
han var mycket trött efter sin prövning
und es war schon nach Mitternacht
och klockan var redan över midnatt
also beschloss er, dass es das Beste sei, die Tür zu schließen
så han bestämde sig för att det var bäst att stänga dörren
und er beschloss, dass er zu Bett gehen sollte
och han kom fram till att han borde gå och lägga sig
Es war zehn Uhr morgens, als der Kaufmann aufwachte
Klockan var tio på morgonen när köpmannen vaknade
gerade als er aufstehen wollte, sah er etwas
precis när han skulle resa sig såg han något
er war erstaunt, saubere Kleidung zu sehen
han blev förvånad över att se en ren uppsättning kläder
an der Stelle, wo er seine schmutzigen Kleider zurückgelassen hatte
på den plats där han hade lämnat sina smutsiga kläder
"Mit Sicherheit gehört dieser Palast einer netten Fee"
"visst tillhör det här palatset någon slags älva"
„eine Fee, die mich gesehen und bemitleidet hat"
" en älva som har sett och tytt synd om mig"
er sah durch ein Fenster
han tittade genom ett fönster
aber statt Schnee sah er den herrlichsten Garten
men i stället för snö såg han den förtjusande trädgården
und im Garten waren die schönsten Rosen
och i trädgården fanns de vackraste rosor
dann kehrte er in die große Halle zurück
han återvände sedan till den stora salen

der Saal, in dem er am Abend zuvor Suppe gegessen hatte
salen där han hade ätit soppa kvällen innan
und er fand etwas Schokolade auf einem kleinen Tisch
och han hittade lite choklad på ett litet bord
„Danke, liebe Frau Fee", sagte er laut
"Tack, goda Madam Fairy", sa han högt
„Danke für Ihre Fürsorge"
"tack för att du är så omtänksam"
„Ich bin Ihnen für all Ihre Gefälligkeiten äußerst dankbar"
"Jag är oerhört tacksam mot dig för alla dina tjänster"
Der freundliche Mann trank seine Schokolade
den snälle mannen drack sin choklad
und dann ging er sein Pferd suchen
och så gick han för att leta efter sin häst
aber im Garten erinnerte er sich an die Bitte der Schönheit
men i trädgården mindes han skönhetens begäran
und er schnitt einen Rosenzweig ab
och han högg av en gren av rosor
sofort hörte er ein lautes Geräusch
genast hörde han ett stort ljud
und er sah ein furchtbar furchtbares Tier
och han såg ett fruktansvärt fruktansvärt odjur
er war so erschrocken, dass er kurz davor war, ohnmächtig zu werden
han var så rädd att han var redo att svimma
„Du bist sehr undankbar", sagte das Tier zu ihm
"Du är mycket otacksam", sa odjuret till honom
und das Tier sprach mit schrecklicher Stimme
och vilddjuret talade med en fruktansvärd röst
„Ich habe dein Leben gerettet, indem ich dich in mein Schloss gelassen habe"
"Jag har räddat ditt liv genom att släppa in dig i mitt slott"
"und dafür stiehlst du mir im Gegenzug meine Rosen?"
"och för detta stjäl du mina rosor i gengäld?"
„Die Rosen sind für mich mehr wert als alles andere"
"Rosorna som jag värdesätter över allt"

„Aber du wirst für das, was du getan hast, sterben"
"men du ska dö för vad du har gjort"
„Ich gebe Ihnen nur eine Viertelstunde, um sich vorzubereiten"
"Jag ger dig bara en kvart att förbereda dig"
„Bereiten Sie sich auf den Tod vor und sprechen Sie Ihre Gebete"
"gör dig redo för döden och säg dina böner"
der Kaufmann fiel auf die Knie
köpmannen föll på knä
und er hob beide Hände
och han lyfte upp båda sina händer
„Mein Herr, ich flehe Sie an, mir zu vergeben"
"Min herre, jag ber dig att förlåta mig"
„Ich hatte nicht die Absicht, Sie zu beleidigen"
"Jag hade inte för avsikt att förolämpa dig"
„Ich habe für eine meiner Töchter eine Rose gepflückt"
"Jag samlade en ros till en av mina döttrar"
„Sie bat mich, ihr eine Rose mitzubringen"
"hon bad mig ge henne en ros"
„Ich bin nicht euer Herr, sondern ein Tier", antwortete das Monster
"Jag är inte din herre, men jag är ett odjur", svarade monstret
„Ich mag keine Komplimente"
"Jag älskar inte komplimanger"
„Ich mag Menschen, die so sprechen, wie sie denken"
"Jag gillar folk som pratar som de tycker"
„glauben Sie nicht, dass ich durch Schmeicheleien bewegt werden kann"
"föreställ mig inte att jag kan bli rörd av smicker"
„Aber Sie sagen, Sie haben Töchter"
"Men du säger att du har döttrar"
„Ich werde dir unter einer Bedingung vergeben"
"Jag kommer att förlåta dig på ett villkor"
„Eine deiner Töchter muss freiwillig in meinen Palast kommen"

"en av dina döttrar måste gärna komma till mitt palats"
"und sie muss für dich leiden"
"och hon måste lida för dig"
„Gib mir Dein Wort"
"Låt mig få ditt ord"
„Und dann können Sie Ihren Geschäften nachgehen"
"och då kan du gå på din affär"
„Versprich mir das:"
"Lova mig detta:"
„Wenn Ihre Tochter sich weigert, für Sie zu sterben, müssen Sie innerhalb von drei Monaten zurückkehren"
"om din dotter vägrar att dö för dig måste du återvända inom tre månader"
der Kaufmann hatte nicht die Absicht, seine Töchter zu opfern
köpmannen hade inga avsikter att offra sina döttrar
aber da ihm Zeit gegeben wurde, wollte er seine Töchter noch einmal sehen
men eftersom han fick tid, ville han åter träffa sina döttrar
also versprach er, dass er zurückkehren würde
så han lovade att han skulle återvända
und das Tier sagte ihm, er könne aufbrechen, wann er wolle
och vilddjuret sade till honom att han kunde ge sig av när han ville
und das Tier erzählte ihm noch etwas
och odjuret berättade en sak till för honom
„Du sollst nicht mit leeren Händen gehen"
"du ska inte gå tomhänt"
„Geh zurück in das Zimmer, in dem du lagst"
"gå tillbaka till rummet där du låg"
„Sie werden eine große leere Schatzkiste sehen"
"du kommer att se en stor tom skattkista"
„Fülle die Schatzkiste mit allem, was Dir am besten gefällt"
"fyll skattkistan med det du tycker bäst om"
„und ich werde die Schatzkiste zu Dir nach Hause schicken"
"och jag ska skicka skattkistan till ditt hem"

und gleichzeitig zog sich das Tier zurück
och samtidigt drog sig odjuret tillbaka
„Nun", sagte sich der gute Mann
"Jaha", sa den gode mannen för sig själv
„Wenn ich sterben muss, werde ich meinen Kindern wenigstens etwas hinterlassen"
"om jag måste dö ska jag åtminstone lämna något till mina barn"
so kehrte er ins Schlafzimmer zurück
så han gick tillbaka till sängkammaren
und er fand sehr viele Goldstücke
och han fann en hel del guldstycken
er füllte die Schatzkiste, die das Tier erwähnt hatte
han fyllde skattkistan som besten hade nämnt
und er holte sein Pferd aus dem Stall
och han tog sin häst ur stallet
die Freude, die er beim Betreten des Palastes empfand, war nun genauso groß wie die Trauer, die er beim Verlassen des Palastes empfand
glädjen han kände när han gick in i palatset var nu lika med den sorg han kände när han lämnade det
Das Pferd nahm einen der Wege im Wald
hästen tog en av skogens vägar
und in wenigen Stunden war der gute Mann zu Hause
och om några timmar var den gode mannen hemma
seine Kinder kamen zu ihm
hans barn kom till honom
aber anstatt ihre Umarmungen mit Freude entgegenzunehmen, sah er sie an
men i stället för att ta emot deras omfamningar med nöje, såg han på dem
er hielt den Ast hoch, den er in den Händen hielt
han höll upp grenen han hade i händerna
und dann brach er in Tränen aus
och sedan brast han i gråt
„Schönheit", sagte er, „nimm bitte diese Rosen"

"skönhet," sa han, "snälla ta dessa rosor"
„Sie können nicht wissen, wie teuer diese Rosen waren"
"du kan inte veta hur dyra de här rosorna har varit"
„Diese Rosen haben deinen Vater das Leben gekostet"
"dessa rosor har kostat din far livet"
und dann erzählte er von seinem tödlichen Abenteuer
och så berättade han om sitt ödesdigra äventyr
Sofort schrien die beiden ältesten Schwestern
genast ropade de två äldsta systrarna
und sie sagten viele gemeine Dinge zu ihrer schönen Schwester
och de sa många elaka saker till sin vackra syster
aber die Schönheit weinte überhaupt nicht
men skönheten grät inte alls
„Seht euch den Stolz dieses kleinen Schurken an", sagten sie
"Titta på den där lilla stackarens stolthet", sa de
„Sie hat nicht nach schönen Kleidern gefragt"
"hon bad inte om fina kläder"
„Sie hätte tun sollen, was wir getan haben"
"hon borde ha gjort som vi gjorde"
„Sie wollte sich hervortun"
"hon ville utmärka sig"
„so wird sie nun den Tod unseres Vaters bedeuten"
"så nu blir hon vår fars död"
„und doch vergießt sie keine Träne"
"och ändå fäller hon inte en tår"
"Warum sollte ich weinen?", antwortete die Schönheit
"Varför skulle jag gråta?" svarade skönhet
„Weinen wäre völlig unnötig"
"det skulle vara väldigt onödigt att gråta"
„Mein Vater wird nicht für mich leiden"
"min far kommer inte att lida för mig"
„Das Monster wird eine seiner Töchter akzeptieren"
"monstret kommer att acceptera en av sina döttrar"
„Ich werde mich seiner ganzen Wut aussetzen"

"Jag kommer att offra mig till all hans vrede"
„**Ich bin sehr glücklich, denn mein Tod wird das Leben meines Vaters retten**"
"Jag är väldigt glad, för min död kommer att rädda min fars liv"
„**Mein Tod wird ein Beweis meiner Liebe sein**"
"min död kommer att vara ett bevis på min kärlek"
„**Nein, Schwester**", sagten ihre drei Brüder
"Nej, syster", sa hennes tre bröder
„**das darf nicht sein**"
"det ska inte vara"
„**Wir werden das Monster finden**"
"vi ska gå och hitta monstret"
"**und entweder wir werden ihn töten...**"
"och antingen dödar vi honom..."
„**... oder wir werden bei dem Versuch umkommen**"
"... annars kommer vi att gå under i försöket"
„**Stellt euch nichts dergleichen vor, meine Söhne**", sagte der Kaufmann
"Förställ dig inte något sådant, mina söner," sade köpmannen
„**Die Kraft des Biests ist so groß, dass ich keine Hoffnung habe, dass Ihr es besiegen könntet.**"
"odjurets kraft är så stor att jag inte har något hopp om att du skulle kunna övervinna honom"
„**Ich bin entzückt von dem freundlichen und großzügigen Angebot der Schönheit**"
"Jag är charmad av skönhetens vänliga och generösa erbjudande"
„**aber ich kann ihre Großzügigkeit nicht annehmen**"
"men jag kan inte acceptera hennes generositet"
„**Ich bin alt und habe nicht mehr lange zu leben**"
"Jag är gammal och jag har inte länge kvar att leva"
„**also kann ich nur ein paar Jahre verlieren**"
"så jag kan bara förlora några år"
„**Zeit, die ich für euch bereue, meine lieben Kinder**"
"tid som jag ångrar för er skull, mina kära barn"

„Aber Vater", sagte die Schönheit
"Men far," sa skönheten
„Du sollst nicht ohne mich in den Palast gehen"
"du ska inte gå till palatset utan mig"
„Du kannst mich nicht davon abhalten, dir zu folgen"
"du kan inte hindra mig från att följa dig"
nichts könnte Schönheit vom Gegenteil überzeugen
ingenting kunde övertyga skönhet annars
Sie bestand darauf, in den schönen Palast zu gehen
hon insisterade på att gå till det fina palatset
und ihre Schwestern waren erfreut über ihre Beharrlichkeit
och hennes systrar var förtjusta över hennes insisterande
Der Kaufmann war besorgt bei dem Gedanken, seine Tochter zu verlieren
Köpmannen var orolig vid tanken på att förlora sin dotter
er war so besorgt, dass er die Truhe voller Gold vergessen hatte
han var så orolig att han hade glömt kistan full av guld
Abends begab er sich zur Ruhe und schloss die Tür seines Zimmers.
på natten drog han sig tillbaka för att vila, och han stängde sin kammardörr
Dann fand er zu seinem großen Erstaunen den Schatz neben seinem Bett.
då fann han till sin stora förvåning skatten vid sin säng
er war entschlossen, es seinen Kindern nicht zu erzählen
han var fast besluten att inte berätta för sina barn
Wenn sie es gewusst hätten, wären sie in die Stadt zurückgekehrt
om de visste det, skulle de ha velat återvända till stan
und er war entschlossen, das Land nicht zu verlassen
och han var fast besluten att inte lämna bygden
aber er vertraute der Schönheit das Geheimnis
men han litade på skönheten med hemligheten
Sie teilte ihm mit, dass zwei Herren gekommen seien
hon meddelade honom att två herrar hade kommit

und sie machten ihren Schwestern einen Heiratsantrag
och de föreslog hennes systrar
Sie bat ihren Vater, ihrer Heirat zuzustimmen
hon bad sin far att samtycka till deras äktenskap
und sie bat ihn, ihnen etwas von seinem Vermögen zu geben
och hon bad honom att ge dem en del av hans förmögenhet
sie hatte ihnen bereits vergeben
hon hade redan förlåtit dem
Die bösen Kreaturen rieben ihre Augen mit Zwiebeln
de onda varelserna gnuggade sina ögon med lök
um beim Abschied von der Schwester ein paar Tränen zu vergießen
att tvinga fram några tårar när de skildes åt sin syster
aber ihre Brüder waren wirklich besorgt
men hennes bröder var verkligen oroliga
Schönheit war die einzige, die keine Tränen vergoss
skönheten var den enda som inte fällde några tårar
sie wollte ihr Unbehagen nicht vergrößern
hon ville inte öka deras oro
Das Pferd nahm den direkten Weg zum Palast
hästen tog den direkta vägen till palatset
und gegen Abend sahen sie den erleuchteten Palast
och mot kvällen såg de det upplysta palatset
das Pferd begab sich wieder in den Stall
hästen tog sig in i stallet igen
und der gute Mann und seine Tochter gingen in die große Halle
och den gode mannen och hans dotter gick in i den stora salen
hier fanden sie einen herrlich gedeckten Tisch
här fann de ett utmärkt uppdukat bord
der Kaufmann hatte keinen Appetit zu essen
köpmannen hade ingen aptit att äta
aber die Schönheit bemühte sich, fröhlich zu erscheinen
men skönheten strävade efter att framstå som gladlynt
sie setzte sich an den Tisch und half ihrem Vater

hon satte sig vid bordet och hjälpte sin far
aber sie dachte auch bei sich:
men hon tänkte också för sig själv:
„Das Biest will mich sicher mästen, bevor es mich frisst"
"odjuret vill verkligen göda mig innan han äter upp mig"
„deshalb sorgt er für so viel Unterhaltung"
"det är därför han ger så riklig underhållning"
Nachdem sie gegessen hatten, hörten sie ein großes Geräusch
efter att de hade ätit hörde de ett stort ljud
und der Kaufmann verabschiedete sich mit Tränen in den Augen von seinem unglücklichen Kind
och köpmannen tog farväl av sitt olyckliga barn med tårar i ögonen
weil er wusste, dass das Biest kommen würde
för han visste att odjuret skulle komma
Die Schönheit war entsetzt über seine schreckliche Gestalt
skönheten var livrädd för hans hemska form
aber sie nahm ihren Mut zusammen, so gut sie konnte
men hon tog mod till sig så gott hon kunde
und das Monster fragte sie, ob sie freiwillig mitkäme
och monstret frågade henne om hon kom villigt
"ja, ich bin freiwillig gekommen", sagte sie zitternd
"ja, jag har kommit villigt", sa hon darrande
Das Tier antwortete: „Du bist sehr gut"
odjuret svarade, "Du är väldigt bra"
„und ich bin Ihnen zu großem Dank verpflichtet, ehrlicher Mann"
"och jag är mycket tacksam mot dig, ärlig man"
„Geht morgen früh eure Wege"
"gå din väg i morgon bitti"
„aber denk nie daran, wieder hierher zu kommen"
"men tänk aldrig på att komma hit igen"
„Lebe wohl, Schönheit, lebe wohl, Biest", antwortete er
"Farväl skönhet, farväl best", svarade han
und sofort zog sich das Monster zurück

och genast drog sig monstret tillbaka
"Oh, Tochter", sagte der Kaufmann
"Åh, dotter", sa köpmannen
und er umarmte seine Tochter noch einmal
och han omfamnade sin dotter ännu en gång
„Ich habe fast Todesangst"
"Jag är nästan livrädd"
„glauben Sie mir, Sie sollten lieber zurückgehen"
"tro mig, du borde gå tillbaka"
„Lass mich hier bleiben, statt dir"
"låt mig stanna här istället för dig"
„Nein, Vater", sagte die Schönheit entschlossen
"Nej, far," sa skönheten i en beslutsam ton
„Du sollst morgen früh aufbrechen"
"du ska ge dig av i morgon bitti"
„überlasse mich der Obhut und dem Schutz der Vorsehung"
"överlåt mig åt försynens vård och skydd"
trotzdem gingen sie zu Bett
ändå gick de och la sig
Sie dachten, sie würden die ganze Nacht kein Auge zutun
de trodde att de inte skulle blunda på hela natten
aber als sie sich hinlegten, schliefen sie ein
men just när de låg ner sov de
Die Schönheit träumte, eine schöne Dame kam und sagte zu ihr:
skönheten drömde att en fin dam kom och sa till henne:
„Ich bin zufrieden, Schönheit, mit deinem guten Willen"
"Jag är nöjd, skönhet, med din goda vilja"
„Diese gute Tat von Ihnen wird nicht unbelohnt bleiben"
"denna goda handling av dig ska inte gå obelönad"
Die Schöne erwachte und erzählte ihrem Vater ihren Traum
skönhet vaknade och berättade för sin far sin dröm
der Traum tröstete ihn ein wenig
drömmen hjälpte till att trösta honom lite
aber er konnte nicht anders, als bitterlich zu weinen, als er ging

men han kunde inte låta bli att gråta bittert när han gick
Sobald er weg war, setzte sich Schönheit in die große Halle und weinte ebenfalls
så snart han var borta, satte sig skönheten i den stora salen och grät också
aber sie beschloss, sich keine Sorgen zu machen
men hon bestämde sig för att inte vara orolig
Sie beschloss, in der kurzen Zeit, die ihr noch zu leben blieb, stark zu sein
hon bestämde sig för att vara stark under den lilla tid hon hade kvar att leva
weil sie fest davon überzeugt war, dass das Biest sie fressen würde
för hon trodde bestämt att odjuret skulle äta upp henne
Sie dachte jedoch, sie könnte genauso gut den Palast erkunden
hon tänkte dock att hon lika gärna kunde utforska palatset
und sie wollte das schöne Schloss besichtigen
och hon ville se det fina slottet
ein Schloss, das sie bewundern musste
ett slott som hon inte kunde låta bli att beundra
Es war ein wunderbar angenehmer Palast
det var ett förtjusande trevligt palats
und sie war äußerst überrascht, als sie eine Tür sah
och hon blev oerhört förvånad över att se en dörr
und über der Tür stand, dass es ihr Zimmer sei
och över dörren stod det skrivet att det var hennes rum
sie öffnete hastig die Tür
hon öppnade hastigt dörren
und sie war ganz geblendet von der Pracht des Raumes
och hon var alldeles bländad av rummets prakt
was ihre Aufmerksamkeit vor allem auf sich zog, war eine große Bibliothek
det som främst upptog hennes uppmärksamhet var ett stort bibliotek
ein Cembalo und mehrere Notenbücher

ett cembalo och flera notböcker
„Nun", sagte sie zu sich selbst
"Jaha", sa hon för sig själv
„Ich sehe, das Biest wird meine Zeit nicht verstreichen lassen"
"Jag ser att odjuret inte låter min tid hänga tung"
dann dachte sie über ihre Situation nach
sedan reflekterade hon för sig själv över sin situation
„Wenn ich einen Tag bleiben sollte, wäre das alles nicht hier"
"Om det var meningen att jag skulle stanna en dag skulle allt detta inte vara här"
diese Überlegung gab ihr neuen Mut
denna omtanke inspirerade henne med nytt mod
und sie nahm ein Buch aus ihrer neuen Bibliothek
och hon tog en bok från sitt nya bibliotek
und sie las diese Worte in goldenen Buchstaben:
och hon läste dessa ord med gyllene bokstäver:
„Begrüße Schönheit, vertreibe die Angst"
"Välkommen skönhet, förvisa rädsla"
„Du bist hier Königin und Herrin"
"Du är drottning och älskarinna här"
„Sprich deine Wünsche aus, sprich deinen Willen aus"
"Säg dina önskemål, tala din vilja"
„Schneller Gehorsam begegnet hier Ihren Wünschen"
"Snabb lydnad uppfyller dina önskemål här"
"Ach", sagte sie mit einem Seufzer
"Ack", sa hon med en suck
„Am meisten wünsche ich mir, meinen armen Vater zu sehen"
"Mest av allt vill jag se min stackars far"
„und ich würde gerne wissen, was er tut"
"och jag skulle vilja veta vad han gör"
Kaum hatte sie das gesagt, bemerkte sie den Spiegel
Så fort hon hade sagt detta lade hon märke till spegeln
zu ihrem großen Erstaunen sah sie ihr eigenes Zuhause im

Spiegel
till sin stora förvåning såg hon sitt eget hem i spegeln
Ihr Vater kam emotional erschöpft an
hennes pappa kom känslomässigt utmattad
Ihre Schwestern gingen ihm entgegen
hennes systrar gick honom till mötes
trotz ihrer Versuche, traurig zu wirken, war ihre Freude sichtbar
trots deras försök att framstå som sorgsna var deras glädje synlig
einen Moment später war alles verschwunden
en stund senare försvann allt
und auch die Befürchtungen der Schönheit verschwanden
och skönhetens farhågor försvann också
denn sie wusste, dass sie dem Tier vertrauen konnte
för hon visste att hon kunde lita på odjuret
Mittags fand sie das Abendessen fertig
Vid middagstid hittade hon middagen klar
sie setzte sich an den Tisch
hon satte sig vid bordet
und sie wurde mit einem Musikkonzert unterhalten
och hon underhölls med en musikkonsert
obwohl sie niemanden sehen konnte
även om hon inte kunde se någon
abends setzte sie sich wieder zum Abendessen
på natten satte hon sig för kvällsmat igen
diesmal hörte sie das Geräusch, das das Tier machte
den här gången hörde hon det oväsen som besten gjorde
und sie konnte nicht anders, als Angst zu haben
och hon kunde inte låta bli att bli livrädd
"**Schönheit", sagte das Monster**
"skönhet", sa monstret
"**erlaubst du mir, mit dir zu essen?**"
"Låter du mig äta med dig?"
"**Mach, was du willst", antwortete die Schönheit zitternd**
"gör som du vill," svarade skönheten darrande

„Nein", antwortete das Tier
"Nej", svarade besten
„Du allein bist hier die Herrin"
"du ensam är älskarinna här"
„Sie können mich wegschicken, wenn ich Ärger mache"
"du kan skicka iväg mig om jag är jobbig"
„schick mich fort, und ich werde mich sofort zurückziehen"
"skicka iväg mig så drar jag mig omedelbart"
„Aber sagen Sie mir: Finden Sie mich nicht sehr hässlich?"
"Men säg mig, tycker du inte att jag är väldigt ful?"
„Das stimmt", sagte die Schönheit
"Det är sant", sa skönheten
„Ich kann nicht lügen"
"Jag kan inte ljuga"
„aber ich glaube, Sie sind sehr gutmütig"
"men jag tror att du är väldigt godmodig"
„Das bin ich tatsächlich", sagte das Monster
"Det är jag verkligen", sa monstret
„Aber abgesehen von meiner Hässlichkeit habe ich auch keinen Verstand"
"Men bortsett från min fulhet har jag heller inget vett"
„Ich weiß sehr wohl, dass ich ein dummes Wesen bin"
"Jag vet mycket väl att jag är en fånig varelse"
„Es ist kein Zeichen von Torheit, so zu denken", antwortete die Schönheit
"Det är inget tecken på dårskap att tänka så," svarade skönheten
„Dann iss, Schönheit", sagte das Monster
"Ät då, skönhet", sa monstret
„Versuchen Sie, sich in Ihrem Palast zu amüsieren"
"försök att roa dig i ditt palats"
"alles hier gehört dir"
"allt här är ditt"
„Und ich wäre sehr unruhig, wenn Sie nicht glücklich wären"
"och jag skulle vara väldigt orolig om du inte var nöjd"

„Sie sind sehr zuvorkommend", antwortete die Schönheit
"Du är mycket tillmötesgående," svarade skönhet
„Ich gebe zu, ich freue mich über Ihre Freundlichkeit"
"Jag erkänner att jag är nöjd med din vänlighet"
„Und wenn ich über deine Freundlichkeit nachdenke, fallen mir deine Missbildungen kaum auf"
"och när jag tänker på din vänlighet märker jag knappt dina missbildningar"
„Ja, ja", sagte das Tier, „mein Herz ist gut"
"Ja, ja," sa besten, "mitt hjärta är gott"
„Aber obwohl ich gut bin, bin ich immer noch ein Monster"
"men även om jag är bra är jag fortfarande ett monster"
„Es gibt viele Männer, die diesen Namen mehr verdienen als Sie."
"Det finns många män som förtjänar det namnet mer än du"
„und ich bevorzuge dich, so wie du bist"
"och jag föredrar dig precis som du är"
„und ich ziehe dich denen vor, die ein undankbares Herz verbergen"
"och jag föredrar dig mer än de som döljer ett otacksamt hjärta"
"Wenn ich nur etwas Verstand hätte", antwortete das Biest
"om jag bara hade något vett", svarade besten
„Wenn ich vernünftig wäre, würde ich Ihnen als Dank ein schönes Kompliment machen"
"om jag hade förnuft skulle jag ge en bra komplimang för att tacka dig"
"aber ich bin so langweilig"
"men jag är så tråkig"
„Ich kann nur sagen, dass ich Ihnen zu großem Dank verpflichtet bin"
"Jag kan bara säga att jag är mycket tacksam mot dig"
Schönheit aß ein herzhaftes Abendessen
skönhet åt en rejäl middag
und sie hatte ihre Angst vor dem Monster fast überwunden
och hon hade nästan övervunnit sin fruktan för monstret

aber sie wollte ohnmächtig werden, als das Biest ihr die nächste Frage stellte
men hon ville svimma när besten ställde nästa fråga till henne
"Schönheit, willst du meine Frau werden?"
"skönhet, kommer du att bli min fru?"
es dauerte eine Weile, bis sie antworten konnte
hon tog lite tid innan hon kunde svara
weil sie Angst hatte, ihn wütend zu machen
eftersom hon var rädd för att göra honom arg
Schließlich sagte sie jedoch "nein, Biest"
Men till slut sa hon "nej, odjuret"
sofort zischte das arme Monster ganz fürchterlich
genast väste det stackars monstret mycket skrämmande
und der ganze Palast hallte
och hela palatset ekade
aber die Schönheit erholte sich bald von ihrem Schrecken
men skönheten återhämtade sig snart från sin skräck
denn das Tier sprach wieder mit trauriger Stimme
för odjuret talade igen med sorgsen röst
„Dann leb wohl, Schönheit"
"sedan farväl, skönhet"
und er drehte sich nur ab und zu um
och han vände bara tillbaka då och då
um sie anzusehen, als er hinausging
att titta på henne när han gick ut
jetzt war die Schönheit wieder allein
nu var skönheten ensam igen
Sie empfand großes Mitgefühl
hon kände en stor medkänsla
„Ach, es ist tausendmal schade"
"Ack, det är tusen synd"
„Etwas, das so gutmütig ist, sollte nicht so hässlich sein"
"allt så godmodigt ska inte vara så fult"
Schönheit verbrachte drei Monate sehr zufrieden im Palast
skönhet tillbringade tre månader mycket nöjd i palatset
jeden Abend stattete ihr das Biest einen Besuch ab

varje kväll besökte odjuret henne
und sie redeten beim Abendessen
och de pratade under kvällsmaten
Sie sprachen mit gesundem Menschenverstand
de pratade med sunt förnuft
aber sie sprachen nicht mit dem, was man als geistreich bezeichnet
men de pratade inte med vad folk kallar vittighet
Schönheit entdeckte immer einen wertvollen Charakter im Biest
skönhet har alltid upptäckt någon värdefull karaktär i besten
und sie hatte sich an seine Missbildung gewöhnt
och hon hade vant sig vid hans missbildning
sie fürchtete sich nicht mehr vor seinem Besuch
hon fruktade inte längre tiden för hans besök
jetzt schaute sie oft auf die Uhr
nu tittade hon ofta på klockan
und sie konnte es kaum erwarten, bis es neun Uhr war
och hon kunde inte vänta på att klockan skulle bli nio
denn das Tier kam immer zu dieser Stunde
för odjuret missade aldrig att komma vid den tiden
Es gab nur eine Sache, die Schönheit betraf
det var bara en sak som gällde skönhet
jeden Abend, bevor sie ins Bett ging, stellte ihr das Biest die gleiche Frage
varje kväll innan hon gick och la sig ställde odjuret samma fråga till henne
Das Monster fragte sie, ob sie seine Frau werden wolle
monstret frågade henne om hon skulle vara hans fru
Eines Tages sagte sie zu ihm: „Biest, du machst mir große Sorgen."
en dag sa hon till honom, "odjur, du gör mig väldigt orolig"
„Ich wünschte, ich könnte einwilligen, dich zu heiraten"
"Jag önskar att jag kunde samtycka till att gifta mig med dig"
„Aber ich bin zu aufrichtig, um dir zu glauben zu machen, dass ich dich heiraten würde"

"men jag är för uppriktig för att få dig att tro att jag skulle gifta mig med dig"
„Unsere Ehe wird nie stattfinden"
"vårt äktenskap kommer aldrig att hända"
„Ich werde dich immer als Freund sehen"
"Jag kommer alltid att se dig som en vän"
„Bitte versuchen Sie, damit zufrieden zu sein"
"snälla försök att vara nöjd med detta"
„Damit muss ich zufrieden sein", sagte das Tier
"Jag måste vara nöjd med det här," sade besten
„Ich kenne mein eigenes Unglück"
"Jag vet min egen olycka"
„aber ich liebe dich mit der zärtlichsten Zuneigung"
"men jag älskar dig med den ömmaste tillgivenhet"
„Ich sollte mich jedoch als glücklich betrachten"
"Men jag borde se mig själv som lycklig"
"und ich würde mich freuen, wenn du hier bleibst"
"och jag borde vara glad att du stannar här"
„versprich mir, mich nie zu verlassen"
"lova mig att aldrig lämna mig"
Schönheit errötete bei diesen Worten
skönheten rodnade vid dessa ord
Eines Tages schaute die Schönheit in ihren Spiegel
en dag tittade skönheten i sin spegel
ihr Vater hatte sich schreckliche Sorgen um sie gemacht
hennes far hade oroat sig sjuk för hennes skull
sie sehnte sich mehr denn je danach, ihn wiederzusehen
hon längtade mer än någonsin efter att få träffa honom igen
„Ich könnte versprechen, dich nie ganz zu verlassen"
"Jag kunde lova att aldrig lämna dig helt"
„aber ich habe so ein großes Verlangen, meinen Vater zu sehen"
"men jag har så stor lust att träffa min pappa"
„Ich wäre unendlich verärgert, wenn Sie nein sagen würden"
"Jag skulle bli omöjligt upprörd om du säger nej"

"Ich würde lieber selbst sterben", sagte das Monster
"Jag hade hellre dött själv", sa monstret
„Ich würde lieber sterben, als dir Unbehagen zu bereiten"
"Jag skulle hellre dö än att få dig att känna oro"
„Ich werde dich zu deinem Vater schicken"
"Jag skickar dig till din far"
„Du sollst bei ihm bleiben"
"du ska stanna hos honom"
"und dieses unglückliche Tier wird stattdessen vor Kummer sterben"
"och detta olyckliga odjur kommer att dö av sorg istället"
"Nein", sagte die Schönheit weinend
"Nej", sa skönheten och grät
„Ich liebe dich zu sehr, um die Ursache deines Todes zu sein"
"Jag älskar dig för mycket för att vara orsaken till din död"
„Ich verspreche Ihnen, in einer Woche wiederzukommen"
"Jag lovar dig att återvända om en vecka"
„Du hast mir gezeigt, dass meine Schwestern verheiratet sind"
"Du har visat mig att mina systrar är gifta"
„und meine Brüder sind zur Armee gegangen"
"och mina bröder har gått till armén"
"Lass mich eine Woche bei meinem Vater bleiben, da er allein ist"
"låt mig stanna en vecka hos min far, eftersom han är ensam"
"Morgen früh wirst du dort sein", sagte das Tier
"Du ska vara där i morgon bitti," sa odjuret
„Aber denk an dein Versprechen"
"men kom ihåg ditt löfte"
„Sie brauchen Ihren Ring nur auf den Tisch zu legen, bevor Sie zu Bett gehen."
"Du behöver bara lägga din ring på ett bord innan du går och lägger dig"
"Und dann werdet ihr vor dem Morgen zurückgebracht"
"och då kommer du att hämtas tillbaka innan morgonen"

"Lebe wohl, liebe Schönheit", seufzte das Tier
"Farväl kära skönhet", suckade besten
Die Schönheit ging an diesem Abend sehr traurig ins Bett
skönhet gick till sängs väldigt ledsen den kvällen
weil sie das Tier nicht so besorgt sehen wollte
för hon ville inte se besten så orolig
am nächsten Morgen fand sie sich im Haus ihres Vaters wieder
nästa morgon befann hon sig hemma hos sin far
sie läutete eine kleine Glocke neben ihrem Bett
hon ringde en liten klocka vid sin säng
und das Dienstmädchen stieß einen lauten Schrei aus
och pigan gav ett högt skrik
und ihr Vater rannte nach oben
och hennes far sprang uppför trappan
er dachte, er würde vor Freude sterben
han trodde att han skulle dö av glädje
er hielt sie eine Viertelstunde lang in seinen Armen
han höll henne i sina armar i en kvart
irgendwann waren die ersten Grüße vorbei
så småningom var de första hälsningarna över
Schönheit begann daran zu denken, aus dem Bett zu steigen
skönhet började tänka på att gå upp ur sängen
aber sie merkte, dass sie keine Kleidung mitgebracht hatte
men hon insåg att hon inte hade tagit med sig några kläder
aber das Dienstmädchen sagte ihr, sie habe eine Kiste gefunden
men pigan berättade att hon hade hittat en låda
der große Koffer war voller Kleider und Kleider
den stora bagageluckan var full av klänningar och klänningar
jedes Kleid war mit Gold und Diamanten bedeckt
varje klänning var täckt med guld och diamanter
Schönheit dankte dem Tier für seine freundliche Pflege
skönheten tackade best för hans vänliga omsorg
und sie nahm eines der schlichtesten Kleider
och hon tog en av de enklaste klänningarna

Die anderen Kleider wollte sie ihren Schwestern schenken
hon tänkte ge de andra klänningarna till sina systrar
aber bei diesem Gedanken verschwand die Kleidertruhe
men vid den tanken försvann kläderna
Das Biest hatte darauf bestanden, dass die Kleidung nur für sie sei
Beast hade insisterat på att kläderna bara var för henne
ihr Vater sagte ihr, dass dies der Fall sei
hennes far sa till henne att så var fallet
und sofort kam die Kleidertruhe wieder zurück
och genast kom klädstammen tillbaka igen
Schönheit kleidete sich mit ihren neuen Kleidern
skönheten klädde sig själv med sina nya kläder
und in der Zwischenzeit gingen die Mägde los, um ihre Schwestern zu finden
och under tiden gick pigor för att hitta sina systrar
Ihre beiden Schwestern waren mit ihren Ehemännern
båda hennes syster var med sina män
aber ihre beiden Schwestern waren sehr unglücklich
men båda hennes systrar var mycket olyckliga
Ihre älteste Schwester hatte einen sehr gutaussehenden Herrn geheiratet
hennes äldsta syster hade gift sig med en mycket stilig herre
aber er war so selbstgefällig, dass er seine Frau vernachlässigte
men han var så förtjust i sig själv att han försummade sin hustru
Ihre zweite Schwester hatte einen geistreichen Mann geheiratet
hennes andra syster hade gift sig med en kvick man
aber er nutzte seinen Witz, um die Leute zu quälen
men han använde sin vittighet för att plåga människor
und am meisten quälte er seine Frau
och han plågade sin hustru mest av allt
Die Schwestern der Schönheit sahen sie wie eine Prinzessin gekleidet

skönhetens systrar såg henne klädd som en prinsessa
und sie waren krank vor Neid
och de blev sjuka av avund
jetzt war sie schöner als je zuvor
nu var hon vackrare än någonsin
ihr liebevolles Verhalten konnte ihre Eifersucht nicht unterdrücken
hennes tillgivna beteende kunde inte kväva deras svartsjuka
Sie erzählte ihnen, wie glücklich sie mit dem Tier war
hon berättade för dem hur glad hon var med odjuret
und ihre Eifersucht war kurz vor dem Platzen
och deras svartsjuka var redo att brista
Sie gingen in den Garten, um über ihr Unglück zu weinen
De gick ner i trädgården för att gråta över sin olycka
„Inwiefern ist dieses kleine Geschöpf besser als wir?"
"På vilket sätt är denna lilla varelse bättre än oss?"
„Warum sollte sie so viel glücklicher sein?"
"Varför skulle hon vara så mycket gladare?"
„Schwester", sagte die ältere Schwester
"Syster", sa storasystern
„Mir ist gerade ein Gedanke gekommen"
"en tanke slog mig just"
„Versuchen wir, sie länger als eine Woche hier zu behalten"
"låt oss försöka hålla henne här i mer än en vecka"
„Vielleicht macht das das dumme Monster wütend"
"det här kanske kommer att göra det fåniga monstret rasande"
„weil sie ihr Wort gebrochen hätte"
"för att hon skulle ha brutit sitt ord"
"und dann könnte er sie verschlingen"
"och då kanske han slukar henne"
"Das ist eine tolle Idee", antwortete die andere Schwester
"det är en bra idé", svarade den andra systern
„Wir müssen ihr so viel Freundlichkeit wie möglich entgegenbringen"
"vi måste visa henne så mycket vänlighet som möjligt"
Die Schwestern fassten den Entschluss

systrarna gjorde detta till sitt beslut
und sie verhielten sich sehr liebevoll gegenüber ihrer Schwester
och de uppträdde mycket tillgiven mot sin syster
Die arme Schönheit weinte vor Freude über all ihre Freundlichkeit
stackars skönhet grät av glädje av all deras vänlighet
Als die Woche um war, weinten sie und rauften sich die Haare
när veckan var slut grät de och slet sig i håret
es schien ihnen so leid zu tun, sich von ihr zu trennen
de verkade så ledsna över att skiljas från henne
und die Schönheit versprach, noch eine Woche länger zu bleiben
och skönhet lovade att stanna en vecka längre
In der Zwischenzeit konnte die Schönheit nicht umhin, über sich selbst nachzudenken
Under tiden kunde skönhet inte låta bli att reflektera över sig själv
sie machte sich Sorgen darüber, was sie dem armen Tier antat
hon oroade sig för vad hon gjorde mot stackars best
Sie wusste, dass sie ihn aufrichtig liebte
hon vet att hon uppriktigt älskade honom
und sie sehnte sich wirklich danach, ihn wiederzusehen
och hon längtade verkligen efter att få träffa honom igen
Auch die zehnte Nacht verbrachte sie bei ihrem Vater
den tionde natten tillbringade hon också hos sin far
sie träumte, sie sei im Schlossgarten
hon drömde att hon var i slottsträdgården
und sie träumte, sie sähe das Tier ausgestreckt im Gras liegen
och hon drömde att hon såg vilddjuret utsträckt på gräset
er schien ihr mit sterbender Stimme Vorwürfe zu machen
han tycktes förebrå henne med döende röst
und er warf ihr Undankbarkeit vor

och han anklagade henne för otacksamhet
Schönheit erwachte aus ihrem Schlaf
skönhet vaknade ur sin sömn
und sie brach in Tränen aus
och hon brast ut i gråt
„Bin ich nicht sehr böse?"
"Är jag inte särskilt elak?"
„War es nicht grausam von mir, so unfreundlich gegenüber dem Tier zu sein?"
"Var det inte grymt av mig att agera så ovänligt mot odjuret?"
„Das Biest hat alles getan, um mir zu gefallen"
"beast gjorde allt för att behaga mig"
"Ist es seine Schuld, dass er so hässlich ist?"
"Är det hans fel att han är så ful?"
„Ist es seine Schuld, dass er so wenig Verstand hat?"
"Är det hans fel att han har så lite vett?"
„Er ist freundlich und gut, und das genügt"
"Han är snäll och bra, och det räcker"
„Warum habe ich mich geweigert, ihn zu heiraten?"
"Varför vägrade jag att gifta mig med honom?"
„Ich sollte mit dem Monster glücklich sein"
"Jag borde vara nöjd med monstret"
„Schau dir die Männer meiner Schwestern an"
"titta på mina systrars män"
„Weder Witz noch Schönheit machen sie gut"
"varken vittighet eller vacker varelse gör dem goda"
„Keiner ihrer Ehemänner macht sie glücklich"
"ingen av deras män gör dem lyckliga"
„sondern Tugend, Sanftmut und Geduld"
"men dygd, humörs sötma och tålamod"
„Diese Dinge machen eine Frau glücklich"
"dessa saker gör en kvinna lycklig"
„und das Tier hat all diese wertvollen Eigenschaften"
"och odjuret har alla dessa värdefulla egenskaper"
„es ist wahr, ich empfinde keine Zärtlichkeit und Zuneigung für ihn"

"det är sant; jag känner inte ömheten av tillgivenhet för honom"
„aber ich empfinde für ihn die allergrößte Dankbarkeit"
"men jag tycker att jag har den största tacksamheten för honom"
„und ich habe die höchste Wertschätzung für ihn"
"och jag har den högsta aktning av honom"
"und er ist mein bester Freund"
"och han är min bästa vän"
„Ich werde ihn nicht unglücklich machen"
"Jag kommer inte att göra honom olycklig"
„Wenn ich so undankbar wäre, würde ich mir das nie verzeihen"
"Om jag skulle vara så otacksam skulle jag aldrig förlåta mig själv"
Schönheit legte ihren Ring auf den Tisch
skönhet satte sin ring på bordet
und sie ging wieder zu Bett
och hon gick och la sig igen
kaum war sie im Bett, da schlief sie ein
knappt var hon i sängen innan hon somnade
Sie wachte am nächsten Morgen wieder auf
hon vaknade igen nästa morgon
und sie war überglücklich, sich im Palast des Tieres wiederzufinden
och hon var överlycklig över att befinna sig i vilddjurets palats
Sie zog eines ihrer schönsten Kleider an, um ihm zu gefallen
hon tog på sig en av sina snyggaste klänningar för att göra honom nöjd
und sie wartete geduldig auf den Abend
och hon väntade tålmodigt på kvällen
kam die ersehnte Stunde
kom den önskade timmen
die Uhr schlug neun, doch kein Tier erschien
klockan slog nio, men inget odjur dök upp
Schönheit befürchtete dann, sie sei die Ursache seines Todes

gewesen
skönhet fruktade då att hon hade varit orsaken till hans död
Sie rannte weinend durch den ganzen Palast
hon sprang gråtande runt hela palatset
nachdem sie ihn überall gesucht hatte, erinnerte sie sich an ihren Traum
efter att ha sökt honom överallt kom hon ihåg sin dröm
und sie rannte zum Kanal im Garten
och hon sprang till kanalen i trädgården
Dort fand sie das arme Tier ausgestreckt
där fann hon stackars best utsträckt
und sie war sicher, dass sie ihn getötet hatte
och hon var säker på att hon hade dödat honom
sie warf sich ohne Furcht auf ihn
hon kastade sig över honom utan någon rädsla
sein Herz schlug noch
hans hjärta slog fortfarande
sie holte etwas Wasser aus dem Kanal
hon hämtade lite vatten från kanalen
und sie goss das Wasser über seinen Kopf
och hon hällde vattnet över hans huvud
Das Tier öffnete seine Augen und sprach mit der Schönheit
odjuret öppnade sina ögon och talade till skönheten
„Du hast dein Versprechen vergessen"
"Du glömde ditt löfte"
„Es hat mir das Herz gebrochen, dich verloren zu haben"
"Jag var så hjärtbruten att ha förlorat dig"
„Ich beschloss, zu hungern"
"Jag bestämde mig för att svälta mig själv"
„aber ich habe das Glück, Sie wiederzusehen"
"men jag har lyckan att se dig en gång till"
„so habe ich das Vergnügen, zufrieden zu sterben"
"så jag har nöjet att dö nöjd"
„Nein, liebes Tier", sagte die Schönheit, „du darfst nicht sterben"
"Nej, kära best," sa skönheten, "du får inte dö"

„Lebe, um mein Ehemann zu sein"
"Lev för att vara min man"
„Von diesem Augenblick an reiche ich dir meine Hand"
"från detta ögonblick ger jag dig min hand"
„und ich schwöre, niemand anderes als Dein zu sein"
"och jag svär att vara någon annan än din"
„Ach! Ich dachte, ich hätte nur Freundschaft für dich."
"Ack! Jag trodde att jag bara hade en vänskap för dig"
"aber der Kummer, den ich jetzt fühle, überzeugt mich;"
"men den sorg jag nu känner övertygar mig;
„Ich kann nicht ohne dich leben"
"Jag kan inte leva utan dig"
Schönheit hatte diese Worte kaum gesagt, als sie ein Licht sah
skönhet hade knappt sagt dessa ord när hon såg ett ljus
der Palast funkelte im Licht
palatset glittrade av ljus
Feuerwerk erleuchtete den Himmel
fyrverkerier lyste upp himlen
und die Luft erfüllt mit Musik
och luften fylld av musik
alles kündigte ein großes Ereignis an
allt gav besked om någon stor händelse
aber nichts konnte ihre Aufmerksamkeit fesseln
men ingenting kunde hålla hennes uppmärksamhet
sie wandte sich ihrem lieben Tier zu
hon vände sig till sitt kära odjur
das Tier, vor dem sie vor Angst zitterte
odjuret för vilket hon darrade av rädsla
aber ihre Überraschung über das, was sie sah, war groß!
men hennes förvåning var stor över vad hon såg!
das Tier war verschwunden
odjuret hade försvunnit
stattdessen sah sie den schönsten Prinzen
istället såg hon den vackraste prinsen
sie hatte den Zauber beendet

hon hade satt stopp för besvärjelsen
ein Zauber, unter dem er einem Tier ähnelte
en besvärjelse under vilken han liknade ett odjur
dieser Prinz war all ihre Aufmerksamkeit wert
denna prins var värd all hennes uppmärksamhet
aber sie konnte nicht anders und musste fragen, wo das Biest war
men hon kunde inte låta bli att fråga var odjuret var
„Du siehst ihn zu deinen Füßen", sagte der Prinz
"Du ser honom vid dina fötter", sa prinsen
„Eine böse Fee hatte mich verdammt"
"En elak älva hade fördömt mig"
„Ich sollte diese Gestalt behalten, bis eine wunderschöne Prinzessin einwilligte, mich zu heiraten."
"Jag skulle förbli i den formen tills en vacker prinsessa gick med på att gifta sig med mig"
„Die Fee hat mein Verständnis verborgen"
"fen gömde mitt förstånd"
„Du warst der Einzige, der großzügig genug war, um von meiner guten Laune bezaubert zu sein."
"du var den enda generös nog att charmas av mitt humörs godhet"
Schönheit war angenehm überrascht
skönhet blev glatt överraskad
und sie gab dem bezaubernden Prinzen ihre Hand
och hon gav den charmiga prinsen sin hand
Sie gingen zusammen ins Schloss
de gick tillsammans in i slottet
und die Schöne war überglücklich, ihren Vater im Schloss zu finden
och skönheten var överlycklig över att hitta sin far i slottet
und ihre ganze Familie war auch da
och hela hennes familj var där också
sogar die schöne Dame, die in ihrem Traum erschienen war, war da
även den vackra damen som dök upp i hennes dröm var där

"Schönheit", sagte die Dame aus dem Traum
"skönhet", sa damen från drömmen
„Komm und empfange deine Belohnung"
"kom och ta emot din belöning"
„Sie haben die Tugend dem Witz oder dem Aussehen vorgezogen"
"du har föredragit dygd framför kvickhet eller utseende"
„und Sie verdienen jemanden, in dem diese Eigenschaften vereint sind"
"och du förtjänar någon i vilken dessa egenskaper är förenade"
„Du wirst eine großartige Königin sein"
"du kommer att bli en stor drottning"
„Ich hoffe, der Thron wird deine Tugend nicht schmälern"
"Jag hoppas att tronen inte kommer att minska din dygd"
Dann wandte sich die Fee an die beiden Schwestern
sedan vände sig älvan till de två systrarna
„Ich habe in eure Herzen geblickt"
"Jag har sett inuti era hjärtan"
„und ich kenne die ganze Bosheit, die in euren Herzen steckt"
"och jag vet all ondska som dina hjärtan innehåller"
„Ihr beide werdet zu Statuen"
"ni två kommer att bli statyer"
„Aber ihr werdet euren Verstand bewahren"
"men du kommer att hålla dina sinnen"
„Du sollst vor den Toren des Palastes deiner Schwester stehen"
"du ska stå vid portarna till din systers palats"
„Das Glück deiner Schwester soll deine Strafe sein"
"din systers lycka ska vara ditt straff"
„Sie werden nicht in Ihren früheren Zustand zurückkehren können"
"du kommer inte att kunna återvända till dina tidigare stater"
„es sei denn, Sie beide geben Ihre Fehler zu"
"om inte ni båda erkänner era fel"
„Aber ich sehe voraus, dass ihr immer Statuen bleiben

werdet"
"men jag har förutsett att ni alltid kommer att förbli statyer"
„Stolz, Zorn, Völlerei und Faulheit werden manchmal besiegt"
"stolthet, ilska, frosseri och sysslolöshet övervinns ibland"
„aber die Bekehrung neidischer und böswilliger Gemüter sind Wunder"
" men omvändelsen av avundsjuka och illvilliga sinnen är mirakel"
sofort strich die Fee mit ihrem Zauberstab
genast gav älvan ett slag med sin trollstav
und im nächsten Augenblick waren alle im Saal entrückt
och på ett ögonblick transporterades alla som fanns i hallen
Sie waren in die Herrschaftsgebiete des Fürsten eingedrungen
de hade gått in i furstens herravälde
die Untertanen des Prinzen empfingen ihn mit Freude
prinsens undersåtar tog emot honom med glädje
der Priester heiratete die Schöne und das Biest
prästen gifte sig med skönheten och odjuret
und er lebte viele Jahre mit ihr
och han bodde hos henne i många år
und ihr Glück war vollkommen
och deras lycka var fullständig
weil ihr Glück auf Tugend beruhte
därför att deras lycka grundades på dygd

Das Ende
Slutet

www.tranzlaty.com

www.ingramcontent.com/pod-product-compliance
Lightning Source LLC
Chambersburg PA
CBHW011553070526
44585CB00023B/2578